CE CAHIER APPARTIENT À

LES NOMBRES

Compter de 1 à 100

1	2	3	4	5	6	7	8	9	10
11	12	13	14	15	16	17	18	19	20
21	22	23	24	25	26	27	28	29	30
31	32	33	34	35	36	37	38	39	40
41	42	43	44	45	46	47	48	49	50
51	52	53	54	55	56	57	58	59	60
61	62	63	64	65	66	67	68	69	70
71	72	73	74	75	76	77	78	79	80
81	82	83	84	85	86	87	88	89	90
91	92	93	94	95	96	97	98	99	100

Apprendre les chiffres

CONSIGNE :

Respecte les consignes données en haut de page.

Colorie le chiffre

2
DEUX

Colorie le chiffre

Colorie le chiffre

Colorie le chiffre

Colorie le chiffre

Colorie le chiffre

Colorie le chiffre

Colorie le chiffre

9
NEUF

Colorie le chiffre

Apprendre à tracer les nombres

CONSIGNE :

Réécris les nombres en suivant les tracés.

1 1 1 1

2 2 2 2

3 3 3 3

4 4 4 4

5 5 5 5

6 6 6 6

7777

8888

9999

10101010

11 11 11 11

12 12 12 12

13 13 13 13

14 14 14 14

15 15 15 15

16 16 16 16

17 17 17 17

18 18 18 18

1919191919

20202020

21 21 21 21

22 22 22 22

23 23 23 23

24 24 24 24

25 25 25 25

26 26 26 26

27272727

28282828

29292929

30303030

31 31 31 31

32 32 32 32

3 3 3 3 3 3 3 3

3 4 3 4 3 4 3 4

35 35 35 35

36 36 36 36

37 37 37 37

38 38 38 38

39393939

40404040

41 41 41 41

42 42 42 42

4343434343
4444444444

45454545

46464646

47 47 47 47

48 48 48 48

4 9 4 9 4 9 4 9

5 0 5 0 5 0 5 0

51 51 51 51

52 52 52 52

5353535353

5454545454

5 5 5 5 5 5 5 5

5 6 5 6 5 6 5 6

57575757

58585858

59595959

60606060

61 61 61 61

62 62 62 62

6363636363

6464646464

67676767

68686868

69696969

70707070

71 71 71 71

72 72 72 72

73 73 73 73

74 74 74 74

75 75 75 75

76 76 76 76

7777777

78787878

79797979

80808080

81 81 81 81

82 82 82 82

83 83 83 83

84 84 84 84

85858585

86868686

8 7 8 7 8 7 8 7

8 8 8 8 8 8 8 8

89898989

90909090

91 91 91 91

92 92 92 92

93 93 93 93 93

94 94 94 94 94

95 95 95 95

96 96 96 96

97979797

98989898

99999999

100100100100

Apprendre à écrire les chiffres

CONSIGNE :

Réécris les mots en suivant les tracés.

UN UN UN UN

DEUX DEUX DEUX

TROIS TROIS TROIS

QUATRE QUATRE

QUATRE

CINQ CINQ CINQ

SIX SIX SIX

SEPT SEPT SEPT

HUIT HUIT HUIT

NEUF NEUF NEUF

DIX DIX DIX

Colorie selon le nombre indiqué

7	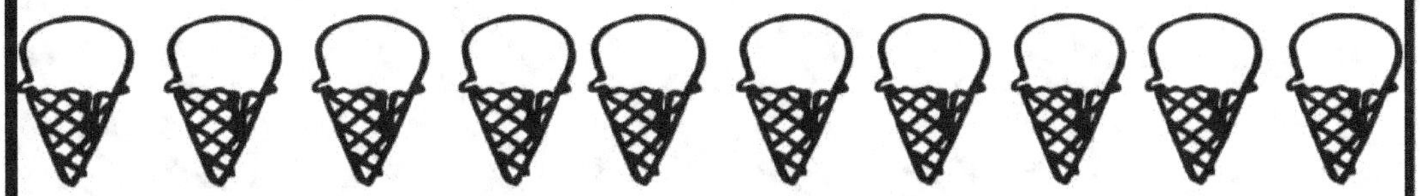
4	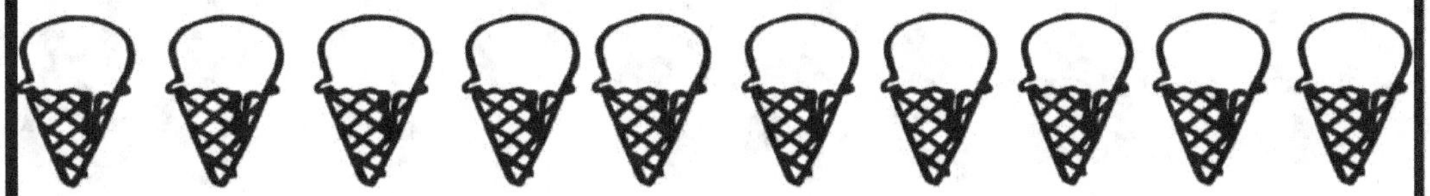
3	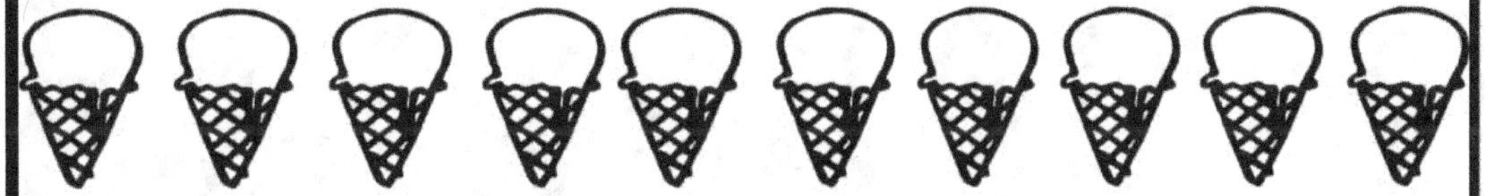
8	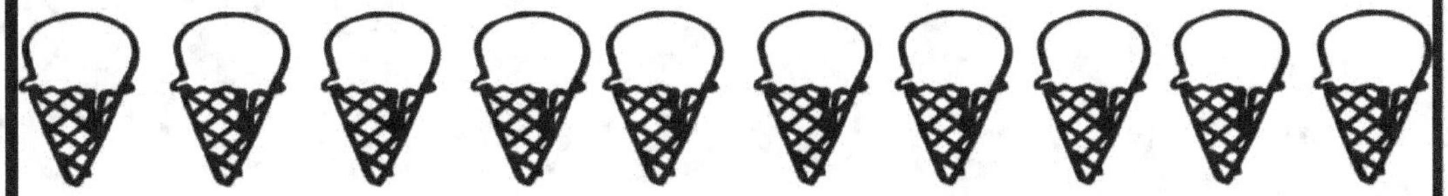
2	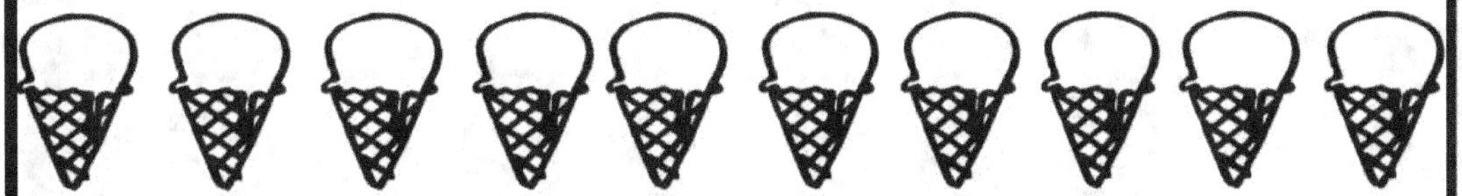
10	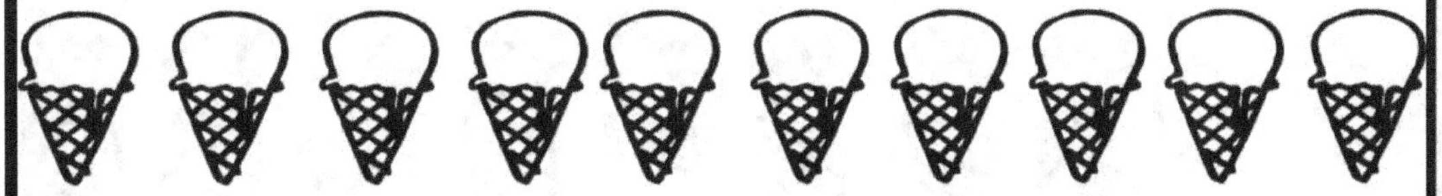
5	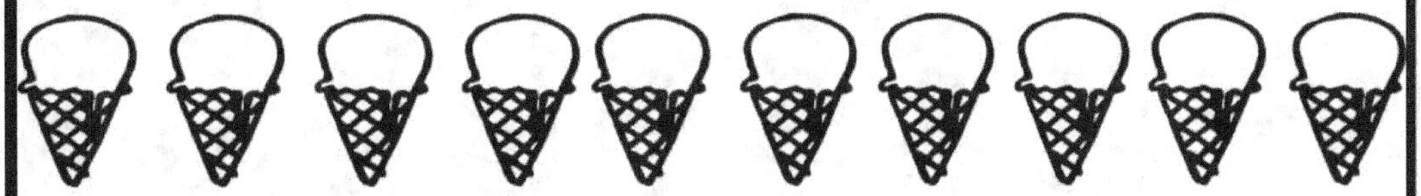

Colorie selon le nombre indiqué

| 4  |
| 7  |
| 8  |
| 3  |
| 10  |
| 2  |
| 6  |

Colorie selon le nombre indiqué

1	
2	
3	
5	
4	
6	
8	

Colorie selon le nombre indiqué

8	
3	
7	
9	
1	
6	
2	

Colorie selon le nombre indiqué

5	
8	
6	
4	
1	
3	
2	

Colorie selon le nombre indiqué

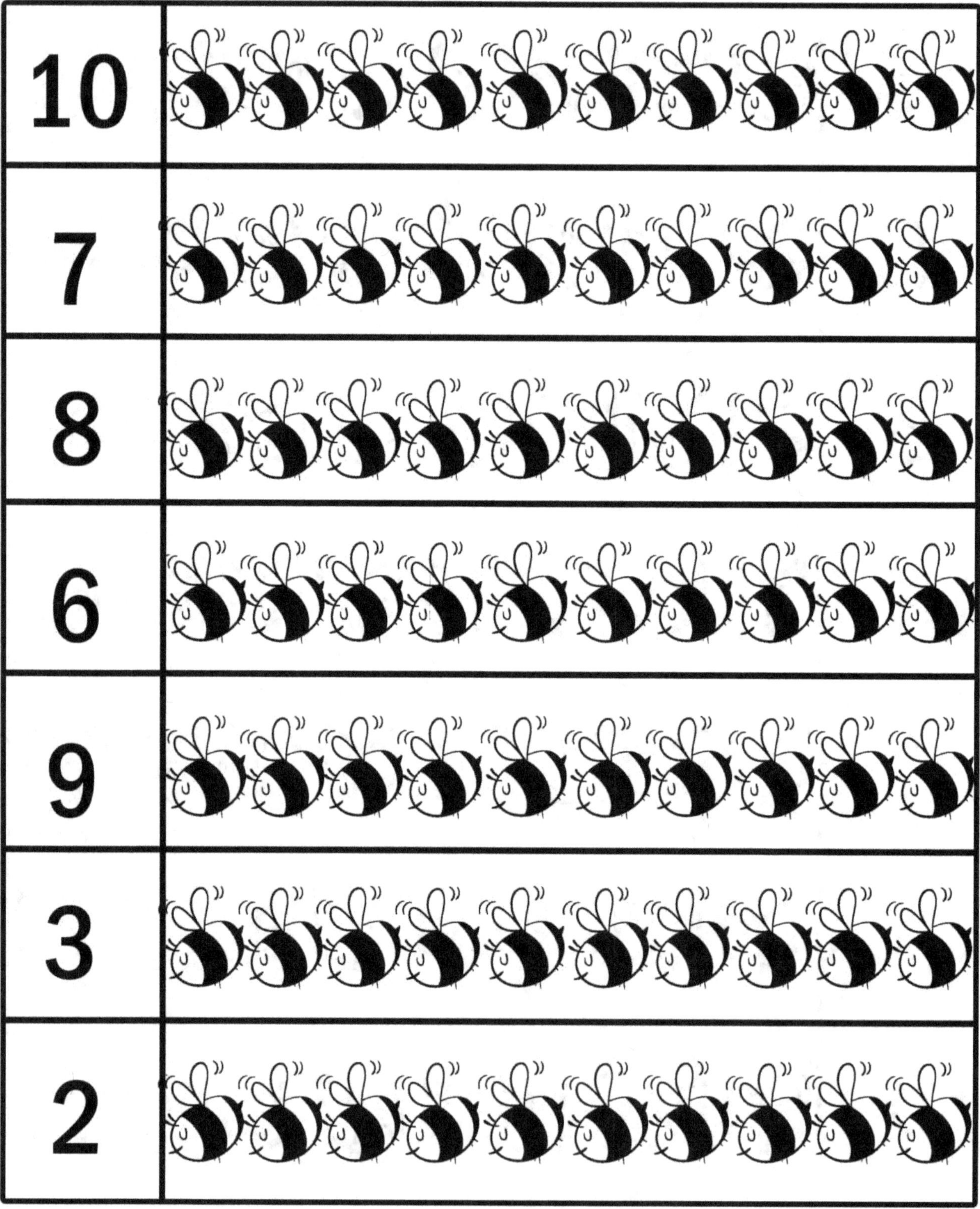

Compte et entoure le chiffre correspondant

Compte et entoure le chiffre correspondant

4
6
1
5
3
6
2
1
5
7
4
3
10
9
4
6
7
5

Compte et entoure le chiffre correspondant

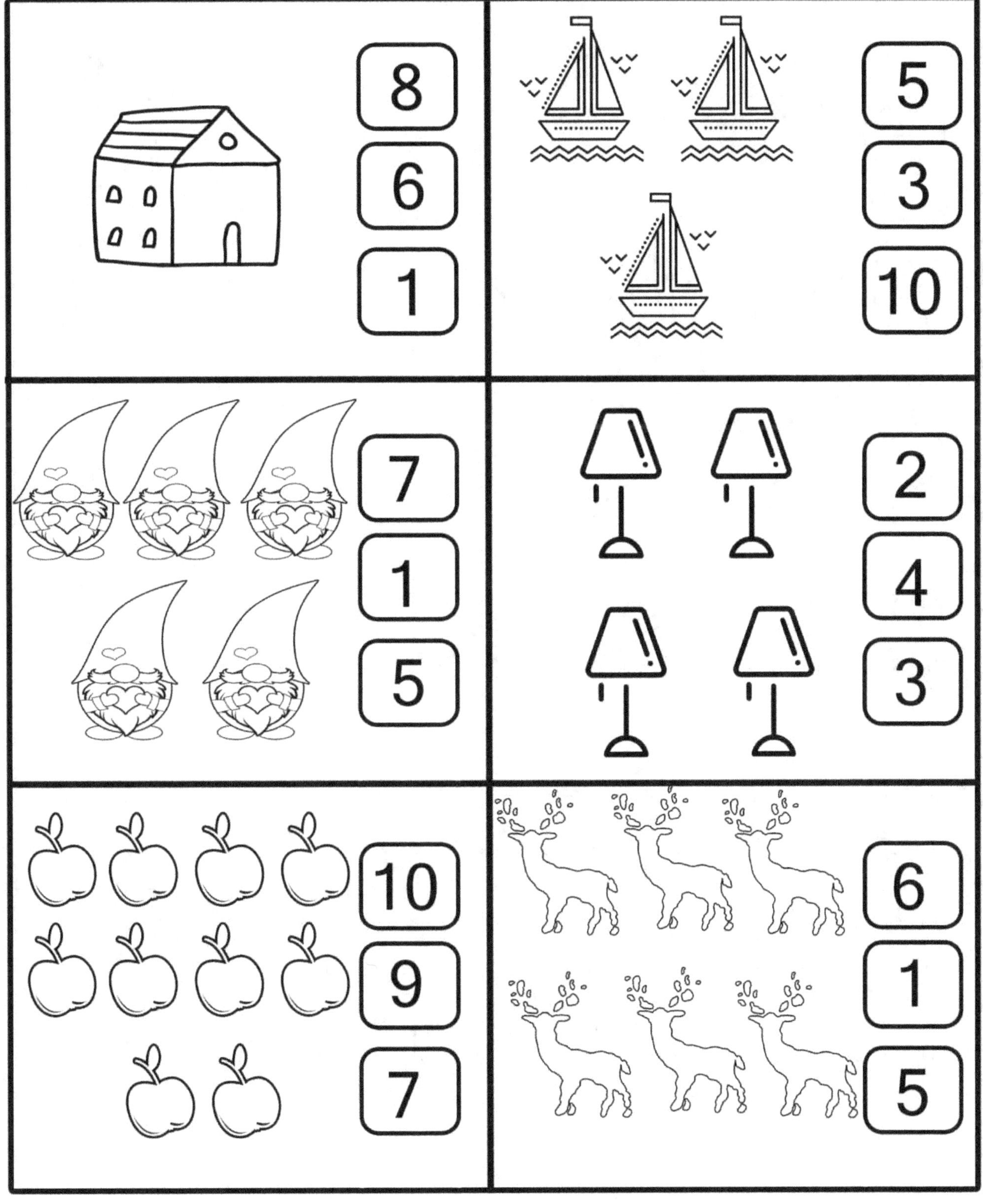

Compte et relis avec le chiffre correspondant

Compte et relis avec le chiffre correspondant

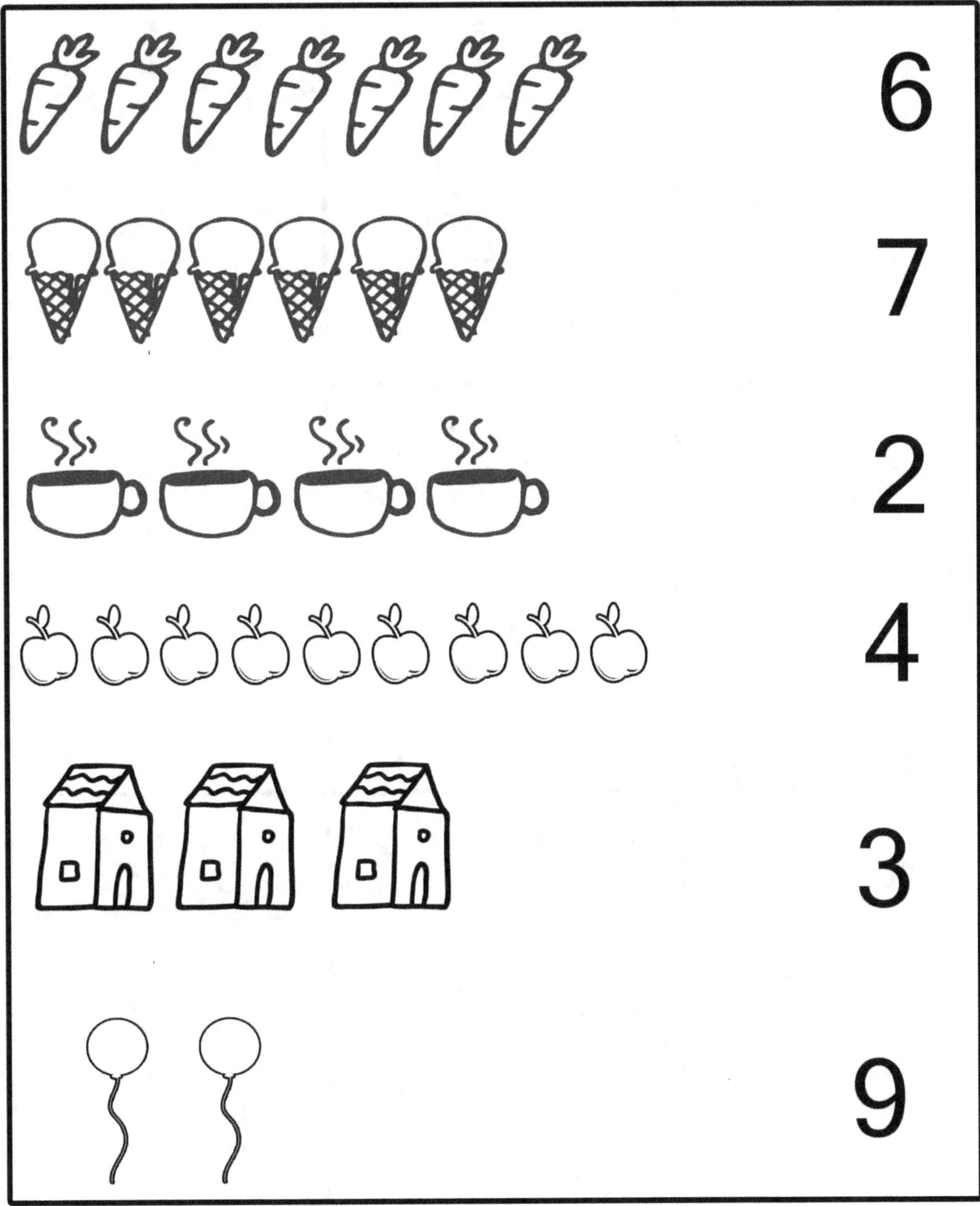

Compte et écris le chiffre correspondant

Compte et écris le chiffre correspondant

Relie les chiffres correspondant

1	3
2	9
3	5
4	4
5	10
6	8
7	2
8	6
9	1
10	7

Relie les chiffres correspondant

17	12
16	13
15	11
14	19
20	18
12	15
18	16
13	20
11	14
19	17

Relie les chiffres correspondant

21	24
22	26
23	22
24	27
25	30
26	21
27	29
28	25
29	28
30	23

Relie les chiffres correspondant

31	**39**
32	**36**
33	**38**
34	**37**
35	**40**
36	**32**
37	**34**
38	**33**
39	**31**
40	**35**

RELIE LES CHIFFRES CORRESPONDANT

41	42
42	44
43	46
44	49
45	47
46	41
47	48
48	50
49	45
50	43

Relie les chiffres correspondant

51	58
52	57
53	60
54	59
55	51
56	52
57	53
58	55
59	56
60	54

RELIE LES CHIFFRES CORRESPONDANT

61	64
62	66
63	70
64	68
65	61
66	63
67	67
68	69
69	62
70	65

Relie les chiffres correspondant

71	75
72	73
73	80
74	79
75	71
76	78
77	74
78	76
79	72
80	77

Relie les chiffres correspondant

81	84
82	86
83	88
84	81
85	90
86	89
87	82
88	87
89	83
90	85

Relie les chiffres correspondant

91	**93**
92	**95**
93	**99**
94	**98**
95	**96**
96	**91**
97	**100**
98	**94**
99	**92**
100	**97**

RÉÉCRIS SUR LES TRACÉS

10 Dix   Dix   Dix   Dix

20 Vingt   Vingt   Vingt   Vingt

30 Trente   Trente   Trente   Trente

40 Quarante   Quarante   Quarante

50 Cinquante   Cinquante   Cinquante

60 Soixante   Soixante   Soixante

70 Soixante-dix   Soixante-dix   Soixante-dix

80 Quatre-vingt   Quatre-vingt   Quatre-vingt

90 Quatre-vingt-dix   Quatre-vingt-dix   Quatre-vingt-dix

100 Cent   Cent   Cent   Cent

RÉÉCRIS SUR LES TRACÉS

10	Quarante
20	Soixante-dix
30	Cent
40	Trente
50	Quatre-vingt
60	Cinquante
70	Vingt
80	Quatre-vingt-dix
90	Soixante
100	Dix

9 798649 498012